LOS NUEVE
PRINCIPITOS

LOS NUEVE PRINCIPITOS

Una guía práctica para la realización de tus proyectos

Germán Escobar Silva

Número de Control de la Biblioteca del Congreso de EE. UU.:   2013903061
ISBN: Tapa Dura   978-1-4633-5103-8
                   Tapa Blanda   978-1-4633-5102-1
                   Libro Electrónico   978-1-4633-5101-4

Este libro fue impreso en los Estados Unidos de América.

Fecha de revisión: 19/02/2013

Para realizar pedidos de este libro, contacte con:
Palibrio
1663 Liberty Drive, Suite 200
Bloomington, IN 47403
Gratis desde EE. UU. al 877.407.5847
Gratis desde México al 01.800.288.2243
Gratis desde España al 900.866.949
Desde otro país al +1.812.671.9757
Fax: 01.812.355.1576
ventas@palibrio.com
445696

CONTENIDO

Este libro fue escrito pensando en ti, que aún tienes muchos proyectos para desarrollar en tu vida. Proyectos personales, familiares, estudiantiles, comunitarios, empresariales, etc.

Lo que te sucede cada día, es producto de un proyecto.

Esta guía te ayudará a desarrollar proyectos que terminen con el éxito que deseas. Disfruta de su lectura y sobre todo, aprende, practica y enseña.

Si tienes alguna consulta o recomendación sobre el contenido de este libro, no dudes en comunicarte conmigo a la siguiente dirección de correo electrónico:

gescobar27@gmail.com
Facebook: Germán Escobar

PRÓLOGO

La temática sobre Proyectos es percibida por quienes la desconocen como algo complejo y casi exclusivo de ingenieros. En gran medida hay razón en esta percepción sobre el asunto, pues la *Gestión de Proyectos* es objeto de especializaciones en universidades y otras instituciones, con el *Project Management Institute (PMI)* a la vanguardia en la certificación internacional de profesionales en esas disciplinas, desde hace más de cuatro décadas.

En *Los Nueve Principitos - Una Guía Práctica para la Realización de tus Proyectos,* Germán Escobar Silva nos cambia completamente la visión sobre la *Gestión de Proyectos,* pues nos involucra a todos cuando afirma con buenos argumentos que "*la vida es una sucesión de proyectos y que en el ciclo de los proyectos, el punto de inicio es el mismo punto del final y así van encadenándose los proyectos*". La perspectiva de que la *Gestión de Proyectos* es algo que no está reservado sólo para especialistas, es clara para el autor al enfocar su obra como ayuda para realizar proyectos personales, familiares, estudiantiles, comunitarios y empresariales.

Germán Escobar Silva con su *Guía Práctica para la Realización de tus Proyectos,* contribuye al propósito anterior al entregarnos un cuento de fácil lectura y comprensión, en la cual el autor nos revela sus dotes de escritor, mediante la narración amena de una serie de encuentros del *abuelo* y los *otros principitos* con una pareja de estudiantes que deben preparar su proyecto de grado. Los encuentros entre los personajes, además de ser didácticos en lo metodológico, están llenos de enseñanzas trascendentales.

El autor ha trajinado profesionalmente durante varias décadas en diferentes ámbitos de la Administración de empresas, instituciones gubernamentales y ONGs. Su actual trabajo literario lo veo como consecuencia natural de tres factores: número uno, su amplia experiencia en Consultoría en *Gestión de Proyectos* en diferentes países del continente americano; número dos, la fluidez y claridad comunicativa que siempre lo ha caracterizado y número tres, la calidad humana excepcional de Germán y su permanente enfoque en la búsqueda de la trascendencia personal y de quienes lo acompañan. El autor con su presente obra nos presenta una fusión muy bien lograda entre lo técnico y lo espiritual que merece ser conocida, aplaudida y ampliamente divulgada.

JOSÉ IGNACIO, FLORES RICARDO
Consultor Internacional en Administración y Finanzas

INTRODUCCIÓN

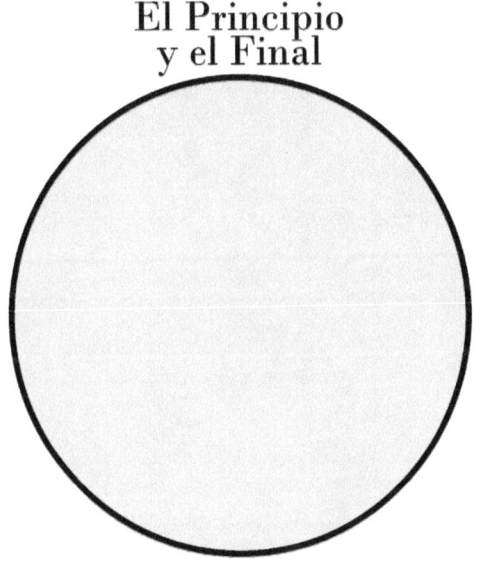

El Principio
y el Final

El punto del principio es
el mismo punto del final

INTRODUCCIÓN

El veintiocho de noviembre de cada año siempre ha sido una fecha especial en la casa del abuelo y este año la fecha tiene una connotación especial pues, según el certificado de su nacimiento, el abuelo cumple 85 años de presencia en este plano de existencia física, aun cuando en el plano de la conciencia pura, su espíritu ha existido eternamente. Este pensamiento se movía en la mente de la hija mayor quien, con la ayuda de su hermana y con la esposa del abuelo terminaban los últimos detalles de los preparativos para la celebración del cumpleaños. Preparar esta celebración fue todo un proyecto que se había llevado a cabo con base en una idea cuidadosamente analizada, un propósito claro y teniendo en cuenta los recursos disponibles. Todas las actividades necesarias fueron desarrolladas por etapas con amor y persistencia y visualizando la alegría que iban a disfrutar todos los invitados, el abuelo y los familiares que habían preparado la celebración. Hubo tropiezos, como es natural en todo proyecto, pero la nobleza del propósito y la claridad de visión fueron los motores que dieron el impulso necesario para llegar al final. Para conservar el recuerdo de la celebración, tenían lista la filmadora y la cámara fotográfica y pensaban preparar un álbum con las fotografías y las tarjetas de felicitaciones.

Los familiares y algunos amigos invitados fueron llegando a la casa del abuelo a partir de las cuatro de la tarde de este sábado grisáceo, lleno de silencio y acompañado de un frío tolerable que aún permitía que algunos vecinos salieran a hacer su ejercicio cotidiano o a caminar con sus perros. El abuelo era un buen conversador. A su edad aún conservaba el buen humor y gozaba de una salud envidiable. Su apariencia física mostraba una edad de unos veinte años menos que su edad cronológica. Este hecho daba lugar a que los familiares y amigos preguntaran al abuelo por el secreto para conservar su estado físico y mental en tan buenas condiciones. El abuelo respondió que para algunos, el secreto puede ser ninguno o puede que haya muchos secretos, tales como la buena alimentación, el ejercicio, la relajación, la salud mental, la tranquilidad de conciencia, el trabajo agradable, no fumar, no ingerir bebidas alcohólicas en exceso, actividad sexual razonable, prevenir las enfermedades, abstenerse del uso de drogas y sedativos, etc., etc., etc. Estos y otros aspectos siempre se han mencionado como factores importantes para conservar una buena salud y por consiguiente ya no son un secreto. Pero para el abuelo, el secreto para disfrutar de una larga vida ha sido: *"preocuparse por vivir para no tener tiempo de preocuparse por envejecer". Pero sobre todo cuidar la salud física, la salud mental y la salud espiritual.*

Uno de los presentes cambió el tema de la conversación y principió a recordar lo que conocía de la vida del abuelo y comentó de su experiencia en la Universidad como alumno del abuelo en las clases de ética profesional, contabilidad superior, auditoría y metodología de la investigación. Otro asistente comentó sobre las actividades del abuelo en la promoción de normas para el ejercicio de su profesión y para contribuir al fortalecimiento de las instituciones gremiales. Otros recordaron sus actividades como fundador de una prestigiosa firma de profesionales que aún presta sus servicios a varias empresas de diferentes sectores de la economía de su país y otros mencionaron la experiencia del abuelo como consultor de varios organismos internacionales que financian proyectos de desarrollo social en distintos países de América Latina.

Entre los familiares se encontraban dos jóvenes que escuchaban atentamente los relatos sobre las actividades del abuelo y rápidamente comprendieron que la experiencia del abuelo, y sobre todo su disposición hacia el servicio a los demás, lo convertían en la persona indicada para que les diera la orientación y apoyo que necesitaban para realizar el proyecto que debían presentar para graduarse en la Escuela Superior de Administración de Empresas.

Estefanía le comentó a Juan Carlos la idea de hablar con el abuelo. Juan Carlos aceptó, aun cuando no tenía muy claro cómo iniciar la conversación y cómo exponer la idea del proyecto. Juan Carlos y Estefanía rompieron el hielo y se acercaron al abuelo explicándole la necesidad que tenían de recibir orientación para poder llevar a cabo su proyecto. Este primer paso fue fundamental para aclarar conceptos básicos, pues recordaron que alguien había dicho que quien da el primer paso, ya tiene avanzado el 50% del recorrido. En ese momento vino a la memoria de Estefanía el título de un libro olvidado en una mesa de la biblioteca de la Universidad en cuya carátula se leía: *"Pide... que todo ya está dado"*.

El abuelo escuchó a Juan Carlos y a Estefanía con la atención que siempre le pone a todas las cosas que hace. Siempre trataba de poner en práctica el principio de los Toltecas mexicanos; *"Todo lo que hagas, hazlo bien"*. Los dos estudiantes escuchaban con atención y tomaban notas sobre aspectos que nunca podían olvidar.

El abuelo les habló sobre la existencia de diferentes formas o metodologías que se usan para el desarrollo eficiente de cualquier proyecto. Así pues, mencionó el método del marco lógico y el de planeación estratégica como modelos eficaces, indicándoles que personalmente con su grupo de estudio aplicaban como base la metodología de los nueve pasos propuestos por G.I. Gurdjieff y P.D. Ouspensky descritos por Klausbernd Vollmar en su libro EL SECRETO DEL ENEAGRAMA. El abuelo les dijo que cuando estuvieran listos, encontrarían a las personas que les instruirían para conocer los pasos básicos para desarrollar con éxito cualquier clase de proyecto. Los proyectos pueden ser personales sencillos, o proyectos más complejos como organizar una empresa, una entidad gubernamental, un proyecto para construir una carretera, una hidroeléctrica, etc.

Finalmente, el abuelo les dijo que un proyecto es un deseo con un propósito definido, un producto esperado concreto, en un tiempo específico, al cual se le asignan recursos y acciones especiales para su ejecución exitosa. También les recordó que la vida es una sucesión de proyectos y que en el ciclo de los proyectos, punto de inicio es el mismo punto del final y así van encadenándose los proyectos.

El abuelo no habló mucho acerca de los pasos y solamente les dijo que durante la próxima semana encontrarían a la persona que les haría conocer el primer paso para la ejecución de un proyecto. Así mismo les recordó que tuvieran la seguridad de que encontrarían a la persona y que fácilmente la reconocerían, porque "cuando el oído es capaz de oír, entonces vienen los labios que han de llenarlos de sabiduría" (El Kibalion). La conversación con el abuelo terminó cuando llamaron a los invitados a pasar a la mesa. Juan Carlos y Estefanía cerraron sus libretas de apuntes confiados en las enseñanzas del abuelo y en la seguridad de encontrar en la semana siguiente a la persona mencionada por el abuelo. Los dos estudiantes agradecieron y prometieron al abuelo poner en práctica sus recomendaciones.

PRINCIPIO NO. 1

LA IDEA

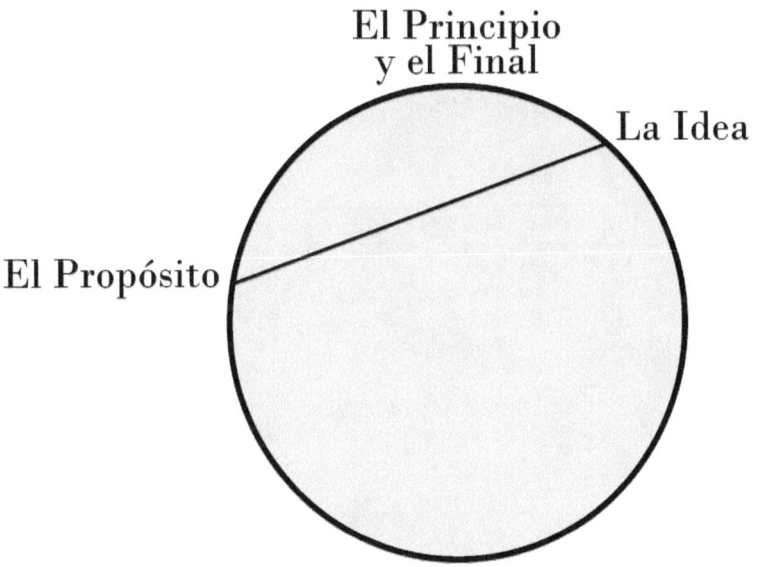

El Principio
y el Final

La Idea

El Propósito

Si no tenemos una idea,
no tenemos un proyecto.

LA IDEA

Al día siguiente de la entrevista con el abuelo, Estefanía y Juan Carlos revisaron sus notas y analizaron las enseñanzas y recomendaciones que habían recibido del abuelo. La primera nota hecha por Estefanía decía:

> *la vida es aquello que le sucede a uno todos los días*
> *y todo lo que le sucede a uno cada día es producto*
> *de un proyecto en proceso, terminado, o abandonado.*
> *El éxito solamente se ve en los proyectos terminados.*
> *El fracaso es el producto de los proyectos abandonados.*
> *La vida es un conjunto de proyectos.*

Por su parte, Juan Carlos había escrito notas como estas:

> *En el camino de la vida, el punto de inicio es el*
> *mismo punto del final; cuando pensamos que hemos*
> *terminado un proyecto, hay otro que espera su inicio*
> *en el mismo punto donde terminó el anterior;*

> *La ejecución exitosa de un proyecto se garantiza*
> *cuando se trabaja en equipo.*

Eran casi las tres de la tarde del lunes y Estefanía le recordó a Juan Carlos que el abuelo les había dicho que debían dialogar con la persona que les indicaría lo que deberían hacer para dar el primer paso para llevar a cabo su proyecto. Acordaron ir a la biblioteca de la universidad para ver cómo podrían identificar al desconocido. Pasaron dos horas en la biblioteca muy atentos, pero no pudieron identificar a ningún personaje. Entonces Juan Carlos sugirió que el martes fueran a estudiar al parque principal de la pequeña ciudad donde vivían y que ahí estarían atentos a cualquier detalle que les sugiriera el encuentro. Aun cuando el abuelo no les había indicado cómo encontrarse con dicho personaje, se fueron al parque, confiados en que encontrarían a la persona de que hablaba el abuelo.

No pasaron más de cinco minutos antes de que una dama, que no aparentaba una edad mayor de veinticinco años los saludó amablemente y se presentó como Idelmira. Estefanía y Juan Carlos se presentaron con la misma amabilidad e iniciaron la conversación con gran expectativa confiados en que habían encontrado a la persona de quien les había hablado el abuelo. Recordaron que el abuelo les había citado la frase del Kibalión: *"Cuando el oído es capaz de escuchar, entonces vienen los labios para llenarlo de sabiduría"*.

Idelmira inició la conversación diciendo que ya tenía conocimiento de su encuentro con el abuelo y que estaban buscando orientación para desarrollar un proyecto, y que ella estaba dispuesta a ayudarles. Les recordó que nada sucede por casualidad y que la casualidad es sólo el nombre que le damos a las cosas que suceden cuando ignoramos su causa. Idelmira les informó que era miembro de un grupo de trabajo denominado **La Fraternidad de los Nueve Principitos**, la cual surgió hace algunos años de la idea del abuelo de divulgar una metodología para llevar a cabo cualquier proyecto en la vida. Como el aporte para ingresar a la fraternidad era únicamente la voluntad de servicio, Idelmira no dudó un momento en dar el primer paso y aceptó inmediatamente cumplir con decisión y entusiasmo el propósito de la fraternidad.

El primer paso para desarrollar un proyecto, dijo Idelmira, es describir la **IDEA**. Todo proyecto parte de una idea. La idea es la manifestación de la conciencia a través de los pensamientos que genera la mente. Una idea es un sueño, pero cuando estamos decididos a convertir ese sueño en una realidad, ya hemos iniciado la ejecución de un proyecto. La idea se refiere a lo que queremos hacer. La idea debe ser clara, comprensible, concisa y completa. La idea no debe quedarse en el plano de la mente, sino que debe ser expresada por escrito de la mejor manera posible. Cuando la idea no se formula por escrito en forma clara, concisa y completa, se pierde la orientación del proyecto, lo cual obliga a introducir correctivos durante su ejecución, con el consiguiente desgaste de tiempo, dinero y energías. Si no tenemos una idea, no tendremos un proyecto. Idelmira sabía que Juan Carlos y Estefanía necesitaban una indicación clara sobre la importancia de la formulación de la idea y continuó con su explicación.

La idea es el fundamento de la planificación o programación de las actividades. Por consiguiente, la descripción de la idea debe estar vinculada con el *propósito* y con los *recursos* disponibles para llevar a cabo las acciones que requiere el desarrollo exitoso del proyecto. Idelmira indicó que más adelante conocerán la manera de formular el *propósito* e identificar los *recursos.* La descripción de la idea debe cubrir una indicación general de qué queremos hacer, por qué lo queremos hacer, cuándo lo vamos a hacer y cómo lo podemos hacer. No se trata de desarrollar cada uno de estos puntos, sino de crear un derrotero general claro, conciso y completo de nuestro proyecto. El proceso de formulación de la idea nos ayuda a visualizar la factibilidad del proyecto o su reformulación global antes de avanzar a desarrollar las actividades o ejecución del proyecto.

Los cuadernos de Estefanía y Juan Carlos se iban llenando de anotaciones y aun cuando en sus mentes no estaban claros algunos pensamientos, si tenían la sensación de haber recibido la orientación inicial que necesitaban, con la confianza de que los otros personajes que encontrarían en otros días aportarían mayor claridad en los diferentes pasos que deberían llevar a cabo para desarrollar su proyecto. Para Estefanía y Juan Carlos, Idelmira fue el primer principito de quien les había hablado el abuelo.

A esta altura de la conversación, Idelmira les indicó que debían escribir la idea en forma clara, concisa y completa, para presentarla al siguiente personaje que estaría esperándolos al frente de la biblioteca de la Universidad para explicarles el segundo paso el día que estuvieran listos con la idea formulada.

FORMULACIÓN DE LA IDEA

Qué queremos hacer, por qué lo queremos hacer, cuándo lo vamos a hacer y cómo lo podemos hacer.

_____

_____

_____

_____

_____

_____

_____

_____

_____

_____

_____

PRINCIPIO NO. 2

EL PROPÓSITO

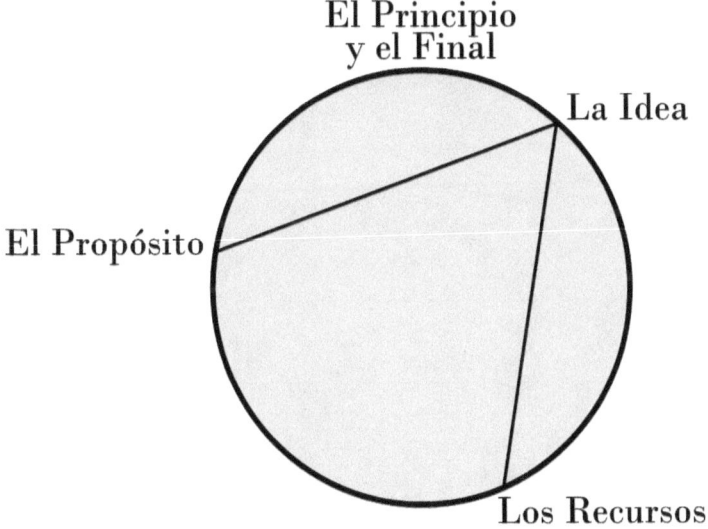

El Principio
y el Final

La Idea

El Propósito

Los Recursos

"Para quien no tiene puerto de destino, todos los vientos son desfavorables". Séneca

EL PROPÓSITO

No fue difícil para Estefanía y Juan Carlos formular la idea de su proyecto con base en las instrucciones recibidas de Idelmira. Ellos ya tenían una idea preconcebida, solamente les faltaba formalizarla por escrito. Con este documento estaban listos para la entrevista con el segundo principito. Sabían que el personaje se identificaría de alguna manera y por eso estaban al frente de la biblioteca de la Universidad, listos para recibir las instrucciones sobre el segundo paso.

Eran las 11 de la mañana del día jueves, cuando un caballero de unos 35 años de edad se les acercó y les dijo que sabía que estaban buscando ayuda para desarrollar un proyecto y por lo tanto estaba dispuesto a ayudarlos. Los acontecimientos iban fluyendo sin dificultad para Estefanía y Juan Carlos, lo cual representaba una garantía de que durante esta entrevista recibirían el apoyo que necesitaban.

Después del saludo correspondiente, José Luis les dijo que el segundo paso para avanzar en un proyecto exitoso, es definir su **propósito**. El propósito es sinónimo de la **misión** o razón de ser del proyecto. El propósito o misión, indica lo que el proyecto va a hacer para beneficio de sus clientes o usuarios de sus bienes y servicios. Por este motivo es muy importante tener bien definido el propósito pues es el motor que impulsa al personal a desarrollar bien su trabajo y para conseguir los

recursos necesarios para llevar a cabo el proyecto. Por este motivo la idea está conectada directamente con el propósito. Igual que la idea, el propósito debe ser claro, comprensible, conciso y sobre todo posible de alcanzar con los recursos humanos, técnicos y financieros disponibles. De lo contrario estaremos hablando de una misión imposible o de una misión no cumplida.

El propósito es la base para formular los objetivos y éstos sirven para planificar las acciones en el corto plazo, lo cual permite adelantar y terminar con éxito el proyecto. Cuando comprendemos la importancia de identificar el propósito de cada una de nuestras acciones es más fácil tomar decisiones acertadas y sobrepasar las dificultades que siempre se presentan en el camino hacia el éxito. El pensamiento de Séneca cuando dijo que "para quien no tiene un puerto de destino, todos los vientos son desfavorables", fácilmente se puede interpretar como que quien no tiene un propósito claramente definido, no puede asegurar llegar a cumplir sus deseos y fácilmente pierde el foco de sus acciones. El principito lo expresó con otras palabras cuando dijo: *"quien no sobe para dónde va, ningún camino lo llevará allá"*.

La mente crea la idea, la idea genera el propósito y el propósito se materializa por medio de las acciones. Solamente las acciones son capaces de producir la realidad de lo que hacemos en nuestra vida. Cuando el propósito es noble, nuestras acciones también lo son y el fruto de dichas acciones serán frutos buenos. Es cierto que la mente puede generar propósitos que no son buenos y presentarlos como correctos, por consiguiente dichas acciones solamente serán capaces de producir frutos malos. Esto no es simple lógica, sino una realidad que vemos muchas veces. Cada quien tiene la libertad de escoger el propósito de cada uno de sus proyectos. Debemos pues tener cuidado al formular el propósito de todos nuestros proyectos. El propósito, para que sea noble, debe primero buscar el beneficio para los demás y luego el beneficio propio. En los proyectos empresariales siempre se busca primero el beneficio del cliente, pues el cliente es el primer objetivo del negocio y el beneficio de los dueños es una consecuencia del buen servicio al cliente. Siempre debemos recordar que el primer paso para recibir es dar. José Luis les recordó la necesidad de formular por escrito el propósito de su proyecto para presentarlo a revisión del siguiente principito que encontrarían en la cafetería de la Universidad.

Para Estefanía y Juan Carlos estas enseñanzas fueron más allá de sus expectativas y ambos no podían ocultar su satisfacción. En este momento Estefanía recordó que Idelmira les había indicado brevemente cómo ella tomó la decisión de ingresar a la Fraternidad de los Nueve Principitos y solicitaron a José que les explicara el propósito de la Fraternidad de los Nueve Principitos. José Luis les presentó el **propósito** de la fraternidad, en la siguiente forma:

"la Fraternidad de los Nueve Principitos, está dedicada a enseñar y divulgar una metodología práctica para que todas las personas interesadas en la organización y desarrollo de cualquier proyecto puedan alcanzar el éxito deseado"

FORMULACIÓN DEL PROPÓSITO

El propósito es el motor que impulsa la idea

_____

_____

_____

_____

_____

_____

_____

_____

_____

_____

_____

_____

_____

_____

PRINCIPIO NO. 3

LOS RECURSOS

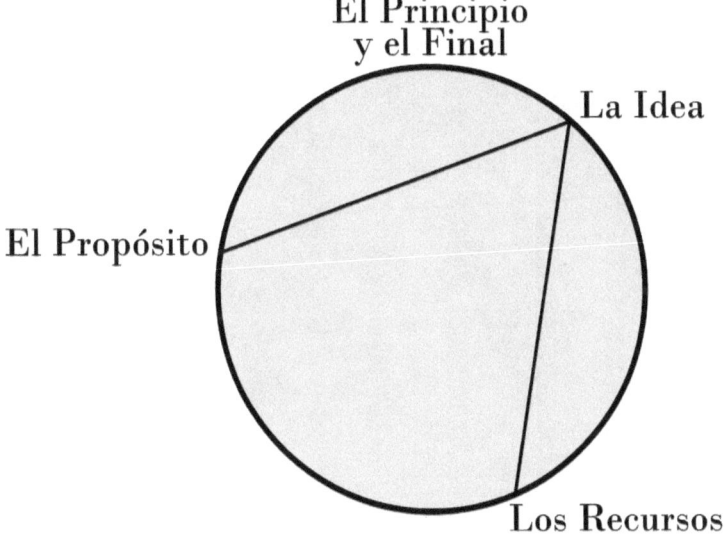

El Principio
y el Final

La Idea

El Propósito

Los Recursos

*Cuando el propósito es noble,
el universo está listo para
proporcionar los recursos para su
realización.*

LOS RECURSOS

Estefanía y Juan Carlos se reunieron varias veces en la semana para formular y revisar el propósito hasta que consideraron que estaban listos para la entrevista con el próximo principito. Es así como acordaron ir a la cafetería de la universidad con la seguridad y la confianza de encontrar a la persona que necesitaban para continuar su orientación sobre la forma de realizar el proyecto que debían presentar para graduarse en la Escuela Superior de Administración de Empresas.

No pasó mucho tiempo hasta que una dama les preguntó si podía compartir con ellos la misma mesa, pues a la hora del almuerzo no es fácil encontrar mesas disponibles en la cafetería. El encuentro y el reconocimiento del nuevo principito no fue extraño para Juan Carlos y Estefanía, pues ya sabían que nada se da por casualidad y estaban acostumbrados a la forma como se suceden los encuentros con los personajes de la Fraternidad de los Nueve Principitos. Después de los saludos acostumbrados, la dama que se presentó como Estela, recibió el documento que Estefanía y Juan Carlos habían escrito, el cual contenía la formulación de la **idea** y el **propósito**. No fueron muchos los comentarios o sugerencias de mejoras y enseguida se inició la explicación del tercer paso.

Para que la idea y el propósito se conviertan en realidad, es necesario identificar los **recursos** que serían necesarios para ejecutar el proyecto y la fuente de dichos recursos. Cuando terminamos de identificar los recursos, podemos conocer si nuestro proyecto es viable de acuerdo con la idea y el propósito que hemos formulado.

Nunca dejes que los proyectos sean superiores a ti; tú debes ser superior a tus proyectos. Recuerden que cuando el propósito es noble, todo el universo está listo para proporcionar los recursos.

Estela explicó a Juan Carlos y Estefanía que hay cuatro grupos de recursos necesarios para ejecutar cualquier proyecto y los describió de la siguiente manera:

1. Recursos humanos
2. Recursos de tiempo
3. Recursos técnicos y
4. Recursos financieros

Recursos humanos. Debemos identificar las personas que se requieren para llevar a cabo el proyecto. Los directores, empleados, voluntarios, consultores y asesores, y otros recursos humanos necesarios. En la selección de las personas que necesitamos es importante identificar sus competencias, habilidades, experiencia y disponibilidad, lo mismo que los valores de honestidad, compromiso, responsabilidad. Estas cualidades y destrezas son las que constituyen el perfil del personal. Los proyectos nunca se desarrollan por una sola persona. Siempre requerimos la ayuda de otros para lograr el éxito. El recurso humano es pues fundamental y debemos estar seguros que debemos considerarlo como primera necesidad. *Somos lo que son las personas que están a nuestro alrededor,* terminó diciendo Estela.

Estela explicó que cuando el proyecto requiere un gran número de personas, es indispensable agruparlos según sus responsabilidades y funciones. La mejor manera de hacer esta clasificación, es identificar primero las áreas de gestión del proyecto, empresa o entidad. Las tres áreas de gestión se pueden agrupar en la siguiente forma:

1. **GESTIÓN DIRECTIVA**
2. **GESTIÓN OPERATIVA**
3. **GESTIÓN DE APOYO**

El recurso humano se asigna a las tres áreas de gestión indicadas arriba, según la responsabilidad y las funciones que desempeña cada persona dentro de la organización. En esta forma se puede preparar la gráfica de la organización institucional u organigrama de la siguiente forma.

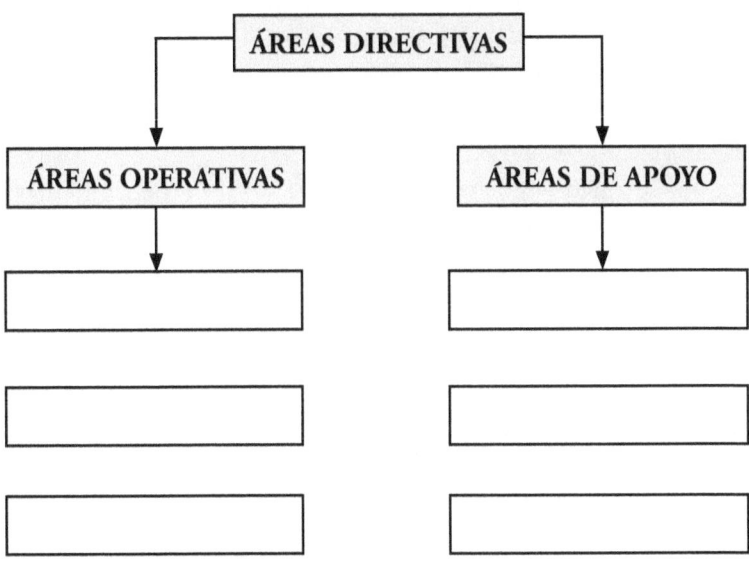

Recursos de tiempo. Refiriéndose al tiempo, Estela hizo énfasis en la necesidad de identificar el tiempo que creemos necesario para completar nuestro proyecto. Esta es una proyección global del tiempo. En los planes operativos anuales se debe indicar más detalladamente los tiempos que se requieren para llevar a cabo cada acción. Este aspecto se trata más adelante.

Recursos Tecnológicos. En esta era de la tecnología y las comunicaciones no podía faltar la referencia a la necesidad de considerar el empleo de computadores, impresoras, software adecuado y demás recursos como el internet y las redes sociales.

Recursos financieros. Finalmente, Estela llamó la atención de Juan Carlos y Estefanía sobre la importancia de tener en cuenta los recursos financieros como un elemento necesario, tanto en los proyectos pequeños, como en los proyectos medianos o mayores. La preparación escrita de un presupuesto de los recursos financieros debe incluir el dinero suficiente para cubrir los costos y gastos necesarios para ejecutar el proyecto, como las fuentes de ingresos propios o de fuentes externas.

Como se puede apreciar, los recursos son interdependientes, pues el recurso humano necesita los recursos financieros, los recursos de tiempo y los recursos tecnológicos y en la misma forma los recursos tecnológicos requieren de recursos financieros y del tiempo apropiado para su obtención y utilización. De la habilidad para armonizar adecuadamente los recursos, depende el cumplimiento de los planes y la terminación exitosa de los proyectos.

PRINCIPIO NO. 4

LAS ACCIONES INICIALES

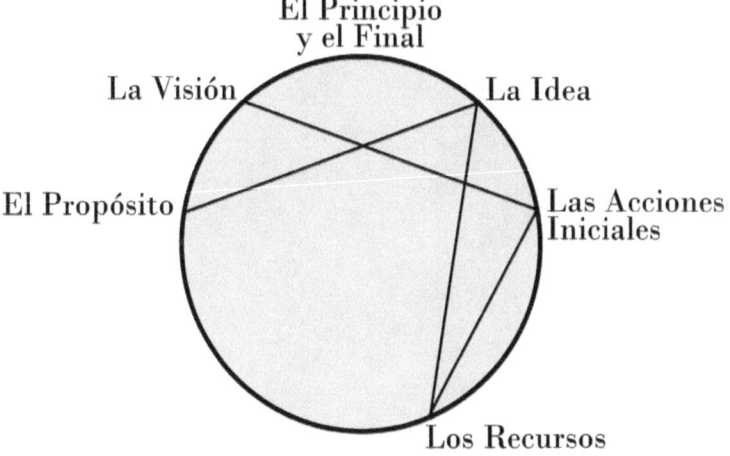

El Principio y el Final

La Visión

La Idea

El Propósito

Las Acciones Iniciales

Los Recursos

Las acciones iniciales formalizan los planes propuestos

LAS ACCIONES INICIALES

Estefanía y Juan Carlos pasaron gran parte de la semana analizando la información que habían recibido del abuelo y de los tres principitos con quienes habían conversado hasta el momento. Revisaron la idea, el propósito y los recursos que podían estar a su alcance. Pero sobre todo, analizaron las enseñanzas llenas de optimismo y mentalidad positiva. Analizaron nuevamente la idea inicial y acordaron que con la información recibida, podían pensar en restructurar la idea y preparar su trabajo de grado sobre **UNA GUÍA PARA LA GESTIÓN EXITOSA DE LOS PROYECTOS.** Esta nueva idea sería la más adecuada, pues contaban con la asesoría del abuelo y de los otros principitos y además, en la Escuela de Negocios no se enseñaba algo parecido, por lo cual su trabajo podría ser fácilmente aceptado por sus profesores. El propósito seguirá siendo el mismo planteado inicialmente y los recursos humanos, de tiempo, técnicos y financieros no representaban un mayor problema para adquirirlos.

Con todo este trabajo adelantado, por la tarde salieron al parque, como lo habían hecho en semanas anteriores, confiados en que se encontrarían con uno de los principitos, quien los orientaría para continuar con su proyecto. El encuentro no demoró mucho y aun cuando ellos no conocían a su nuevo asesor, el nuevo principito si los reconoció inmediatamente, pues tenia toda la información transmitida por sus compañeros de la fraternidad. Como ya todo estaba revelado, José Ignacio se presentó amigablemente e inmediatamente inició la conversación sobre el punto siguiente, que es la organización de las gestiones iniciales.

Juan Carlos y Estefanía explicaron la idea de preparar la guía para la gestión de proyectos, el propósito y la lista de recursos que consideraban necesarios para llevar a cabo su trabajo. José Ignacio revisó y aceptó la propuesta informándoles que como las gestiones directivas, operativa y administrativas siempre son múltiples y variadas, es necesario clasificarlas por grupos. Las gestiones se deben organizar por grupos de acciones relacionadas entre sí. Estos grupos son conocidos en el campo de la administración como **procesos**. Un proceso es pues, un conjunto de acciones interrelacionadas que persiguen un fin específico. La planificación incluye las siguientes procesos:

1. Preparar el Plan Estratégico
2. Preparar el Plan Operativo Anual
3. Preparar Presupuestos
4. Preparar Planes de Acción (Acciones para mejora continua).

Plan Estratégico. En las empresas organizadas se acostumbra preparar un plan estratégico a mediano plazo, máximo a cinco años. Cuando se hacen planes estratégicos a más de cinco años, hay que tener cuidado en definir muy bien las actividades globales y sobre todo, la clase de recursos que se requieren para dichas actividades globales y las fuentes de donde se obtendrán los recursos de tiempo, los recursos humanos, técnicos y financieros. Si no se tiene este cuidado, se corre el riesgo de crear falsas expectativas y objetivos que no se cumplen, con el consiguiente desperdicio de esfuerzos y deterioro de la credibilidad en los directivos. Es mejor entregar más de lo prometido que prometer más y entregar menos. Tanto el plan estratégico como los planes anuales se deben monitorear periódicamente para conocer su avance físico y financiero y para tomar las medidas correctivas en caso de que sean necesarias.

A continuación José Ignacio les presentó una guía con los elementos básicos que debe contener un plan estratégico.

1. Tener siempre en cuenta que un plan estratégico es un mapa de ruta a seguir para llevar a la realidad la idea y formular en forma global lo que queremos hacer, cómo lo vamos a hacer y cuáles son los productos globales esperados. Los elementos principales que se deben incluir en el plan estratégico de una entidad o proyecto son los siguientes:

a) Visión, Misión y Valores
b) Objetivos generales
c) Situación actual
d) Líneas estratégicas (qué se va a hacer)
e) Procesos y Actividades
f) Productos o resultados esperados

El siguiente ejemplo del resumen del plan estratégico para una entidad sin ánimo de lucro, fue entregado por José Ignacio, advirtiéndoles que cada entidad o proyecto debe diseñar un plan estratégico a su medida, o si prefiere optar por el modelo de marco lógico también les suministró una matriz como ejemplo.

EJEMPLO DE PLANTILLA PARA RESUMIR EL PLAN ESTRATÉGICO

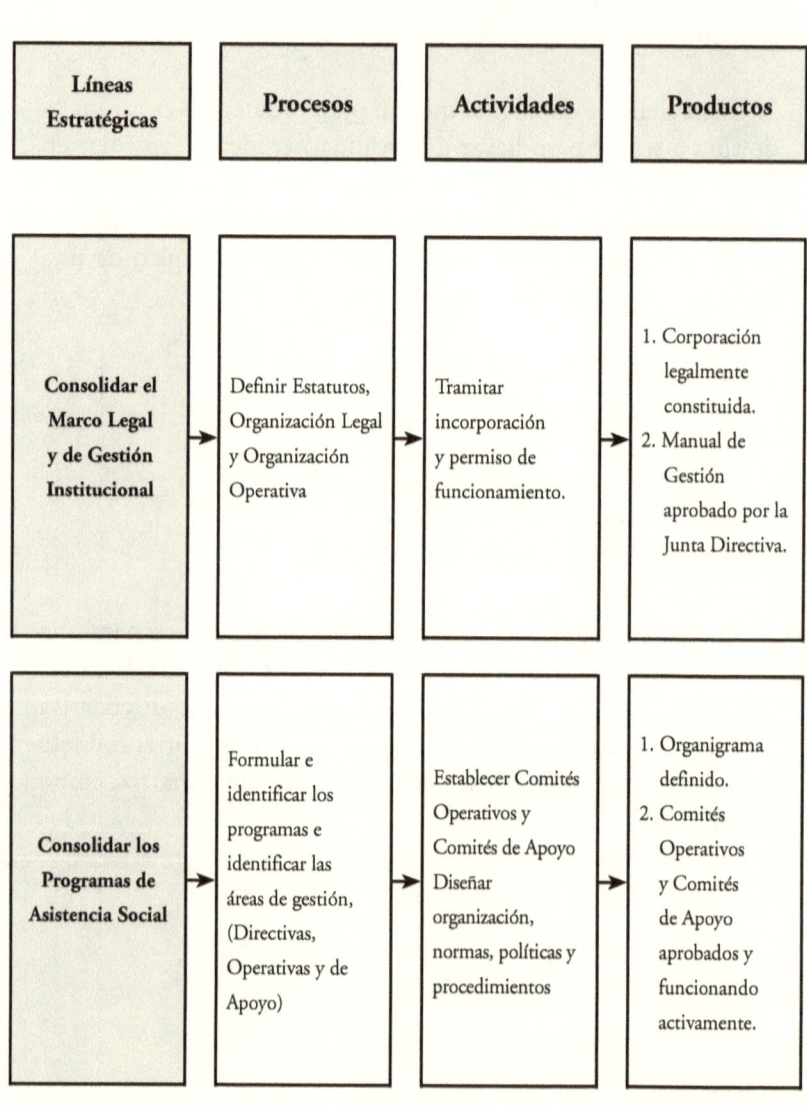

Líneas Estratégicas	Procesos	Actividades	Productos
Consolidar el Marco Legal y de Gestión Institucional	Definir Estatutos, Organización Legal y Organización Operativa	Tramitar incorporación y permiso de funcionamiento.	1. Corporación legalmente constituida. 2. Manual de Gestión aprobado por la Junta Directiva.
Consolidar los Programas de Asistencia Social	Formular e identificar los programas e identificar las áreas de gestión, (Directivas, Operativas y de Apoyo)	Establecer Comités Operativos y Comités de Apoyo Diseñar organización, normas, políticas y procedimientos	1. Organigrama definido. 2. Comités Operativos y Comités de Apoyo aprobados y funcionando activamente.

Líneas Estratégicas	Procesos	Actividades	Productos
Crear la Confianza y la Imagen Corporativa	Consolidar la imagen corporativa sirviendo con eficiencia, eficacia y excelencia. Divulgar Programas	Establecer contactos con los medios de comunicación y demás organizaciones públicas y privadas. Identificar programas	1. Campañas publicitarias establecidas. 2. Programas de asistencia comunitaria operando eficientemente.
Establecer relaciones interinstitucionales para servicios comunitarios	Crear alianzas estratégicas con organizaciones de servicios comunitarios y con empresas interesadas en apoyar los servicios prestados	Establecer arreglos y convenios de servicios comunitarios. Vincular empresas que reciban beneficios y brinden apoyo a los programas establecidos.	Convenios interinstitucionales firmados. Empresarios que operan en el Área participando activamente.
Crear una red de personas comprometidas con el servicio a su comunidad	Promover la membresía. Establecer contactos con otras organizaciones de dentro y fuera del área.	Crear base de datos de residentes en el área. Invitar la mayor cantidad posible a vincularse.	Directorio de miembros potenciales establecido. Membresía incrementada al 20% anual.

EJEMPLO DE MATRIZ DEL MARCO LÓGICO

Misión y Objetivos	Indicadores de gestión	Medios de verificación	Supuestos estratégicos

Plan Operativo Anual (POA). El Plan Estratégico se ejecuta por medio de los planes operativos anuales. El POA es pues, un plan estratégico a corto plazo. La preparación de un plan operativo anual, facilita la definición de los objetivos a corto plazo y por consiguiente se pueden fijar metas concretas y alcanzables. En la práctica, es más fácil monitorear el avance de las acciones de un plan operativo y evaluar los resultados de la gestión en un determinado año, que monitorear y evaluar el resultado global de un plan estratégico.

La preparación del POA es un trabajo en equipo y por consiguiente los directores o jefes de las áreas de gestión del proyecto deben participar en su elaboración, monitoreo y en su auto-evaluación. Los jefes de las áreas de gestión deben preparar los informes periódicos sobre el avance y evaluación del cumplimiento de las metas. Para la preparación del plan operativo anual se deben tener en cuenta las líneas estratégicas y los procesos incluidos en el Plan Estratégico. El POA debe incluir la siguiente información:

1. Encabezado con el nombre del proyecto, propósito, objetivos o metas del año y los períodos en los cuales se desarrollarán las actividades,
2. Áreas de Gestión,
3. Líneas estratégicas,
4. Procesos,
5. Insumos o metas físicas para cumplir en el año,
6. Fecha en la cual se deben adquirir los insumos,
7. Costo de cada insumo.

En algunos proyectos, especialmente del sector público, el POA es un documento que incluye la descripción de los objetivos del plan y de las líneas estratégicas. José Ignacio entregó el siguiente ejemplo de un formato sencillo para ingresar los datos del plan operativo anual.

FORMATO PARA PREPARAR EL POA

Nombre del Proyecto
Año terminado en Diciembre 31, 20xx
Valores expresados en miles de $$$$$

Área de Gestión:							
Línea Estratégica: 1.							
Proceso: 1.1							
Insumos				**Trimestre Adquisición**			
Código	**Descripción**	**Cantidad**	**Costo**	**I**	**II**	**III**	**IV**
Proceso: 1.2							
Proceso: 1.3							
Línea Estratégica: 2.							
Proceso: 2.1							
Proceso: 1.2							

Como se puede observar en el ejemplo presentado en la página anterior, el POA es una herramienta de mucha utilidad, pues sirve para implementar el plan estratégico, para facilitar el monitoreo y evaluación oportuna del avance de los planes, para preparar los presupuestos por áreas de gestión y para preparar el Plan Anual de Adquisiciones y Contrataciones (PAAC).

Planes de Acción. Las evaluaciones periódicas del avance físico y financiero del POA sirven para conocer las deficiencias en la ejecución y así asegurar el proceso de mejora continua de los bienes o servicios que ofrece el proyecto. Los planes de acción son una herramienta útil para programar las acciones necesarias para corregir las dificultades encontradas en la ejecución.

Un plan de acción debe incluir el propósito del plan, el detalle de las acciones, los responsables de su ejecución, la fecha de iniciación y de terminación de cada acción y los productos esperados. A continuación José Ignacio presentó un ejemplo del formato para ingresar los datos del plan de acción.

Como todos los planes, la ejecución del plan de acción debe ser monitoreada y evaluada para detectar las correcciones que sean necesarias para cumplir con su objetivo en forma oportuna.

EJEMPLO DE FORMATO PARA
PLAN DE ACCIÓN

Proceso No.1- Capacitación del personal en la preparación del Plan Operativo Anual			
Acción	Responsable	Fecha de terminación	Productos esperados

PRESUPUESTOS. Como su nombre lo indica, el **presupuesto** es un supuesto o una estimación. En este sentido podemos decir que es otro tipo de plan o también se puede decir que todos los planes son presupuestos o estimados. Como cualquier otro plan, los presupuestos deben ser estimaciones razonablemente factibles. Los presupuestos son estimaciones de los ingresos y de los costos y gastos de las acciones necesarias para ejecutar los planes de operaciones anuales, por lo tanto, los presupuestos normalmente se formulan por períodos de un año, aun cuando se pueden formular por períodos mayores y aun menores de un año. Para un mejor control de la ejecución del presupuesto, se recomienda dividir los presupuestos anuales en períodos mensuales y en esta forma compararlos con los costos y gastos reales según los informes financieros mensuales.

Los presupuestos de costos y gastos deben ir acompañados de la estimación de los recursos necesarios para su ejecución. En el presupuesto de ingresos se deben identificar claramente las fuentes de ingresos propios por la venta de bienes y/o servicios y las necesidades de financiamiento externo, en caso de que los costos y gastos sean superiores a los ingresos propios. Hay que tener sumo cuido en asegurarse de identificar la forma como se obtendrán los recursos propios para poder cumplir oportunamente con el pago de las deudas.

Por lo delicado del manejo de los recursos financieros, se necesita monitorear muy de cerca la ejecución de los presupuestos de ingresos, costos y gastos y de ahí la necesidad de presentar informes de ejecución presupuestaria con mayor frecuencia que los informes de avance de la ejecución de las acciones físicas de los planes estratégicos y de los planes anuales de operación.

Existen diferentes tipos de presupuestos, según el tipo de entidad o proyecto. Así, los presupuestos de ingresos pueden referirse a estimaciones de ventas, proyecciones de cobranzas, presupuestos de donaciones, proyecciones de flujo de efectivo, estimados de ingresos por prestación de servicios, etc. Por su parte los presupuestos de costos y gastos pueden referirse a planes anuales de compras, estimaciones de gastos de administración y otros. Cualquiera que sea el tipo de presupuestos de ingresos y de costos y gastos, siempre deberán estar relacionados con el plan estratégico global y con los planes operativos anuales. Los planes de acción normalmente no necesitan de presupuestos, pues éstos ya deben estar incluidos en los presupuestos anuales. Además de las acciones relacionadas con los planes y presupuestos, existen otras acciones relacionadas con la ejecución de los proyectos, tales como las acciones de compras, recaudos y pagos, registros e informes de monitoreo y evaluación de los planes y presupuestos, las cuales se presentarán más adelante como acciones finales.

José Ignacio terminó esta sesión con la entrega de un ejemplo de informe para monitorear la ejecución de los presupuestos con el fin de presentar una idea del contenido de la información. También les informó que en la próxima entrevista recibirían información sobre la importancia de la formulación de la **visión**, como otro elemento de motivación y que, conjuntamente con el **propósito**, constituyen los motores que hacen posible llevar a cabo las acciones necesarias para desarrollar aquellas que se requieran para terminar el proyecto en forma exitosa.

Como se pudo apreciar, las gestiones de planificación forman un conjunto de acciones interrelacionadas y se pueden integrar por medio de la utilización de una aplicación computarizada (software) utilizando una base de datos común.

EJEMPLO DE INFORME SOBRE EJECUCIÓN DEL PRESUPUESTO

	Trimestre Actual		Acumulado a la Fecha		Variación		Presupuesto Disponible	
	Presupuesto	Ejecutado	Presupuesto	Ejecutado	Trimestre actual	Acumulado a la fecha	Total	Porcentaje a ejecutar
INGRESOS								
COSTOS Y GASTOS								

La siguiente gráfica muestra la integración de las diferentes gestiones de planificación.

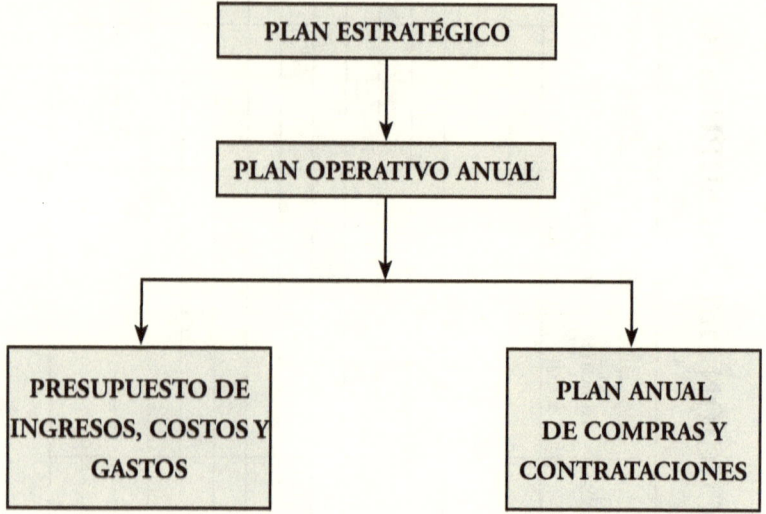

PRINCIPIO NO. 5

LA VISIÓN

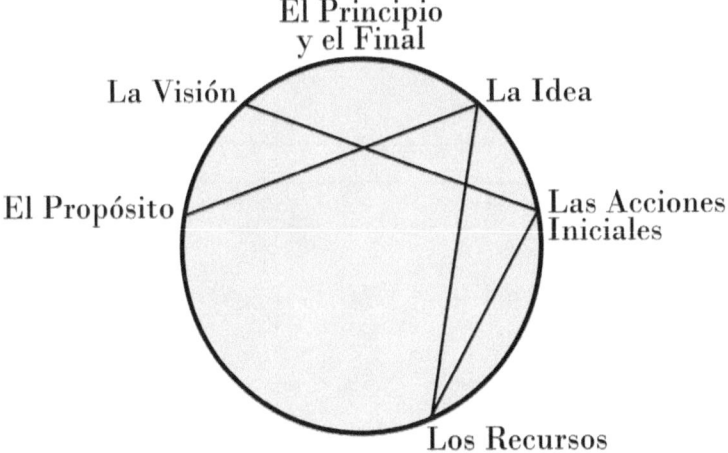

El Principio
y el Final

La Visión

La Idea

El Propósito

Las Acciones
Iniciales

Los Recursos

*La visión es el reflejo del producto
que se espera*

LA VISIÓN

Juan Carlos y Estefanía complementaban las informaciones recibidas de los principitos con otras investigaciones y reuniones con sus profesores de la Escuela de Negocios y en esta forma fueron adquiriendo mayor confianza para seguir adelante con su proyecto de grado. Como siempre, estuvieron en el parque donde esperaban encontrar a la persona que les informara sobre la forma de continuar con su proyecto. Beatriz se acercó al lugar donde estaban conversando Juan Carlos y Estefanía y sin mayores preámbulos, después del acostumbrado saludo, inició su explicación acerca de la visión.

El primer punto que se debe tener en cuenta es distinguir claramente la diferencia entre la visión y la misión. Beatriz explicó que mientras la misión refleja el propósito o razón de ser del proyecto, empresa o institución, la visión es la descripción de cómo vemos a futuro los resultados de nuestro propósito. La visión, agregó Beatriz, es una fotografía de lo que se desea crear en beneficio de la comunidad de usuarios de los bienes o servicios que se van a suministrar. La diferencia entre visión y misión es la misma que entre visionario y misionero. El visionario siempre piensa en lo que es posible alcanzar en un futuro. El visionario es el que ve el potencial que hay en su propósito. Sólo los emprendedores con visión clara de lo que es posible, pueden trabajar siempre motivados por la seguridad del éxito. El misionero es el que lleva a cabo el trabajo para que lo que se ambiciona se realice. El misionero siempre estará guiado e impulsado por la visión de futuro que tiene definida. La visión se alcanza como un producto. La misión se ejecuta.

El segundo punto que se debe tener en cuenta es que al redactar la visión el foco debe estar dirigido hacia la comunidad, no hacia el interior del proyecto. No debemos olvidar que el servicio al cliente siempre se debe tener como un asunto prioritario. Para que los proyectos sean exitosos, siempre se debe pensar en producir el mejor impacto posible en la comunidad y el beneficio para el proyecto y sus promotores será una consecuencia de dicho impacto.

El tercer punto de igual o mayor importancia que los anteriores, es la divulgación de la visión y la misión o propósito. Para divulgar la visión y la misión se deben utilizar todos los medios que se tengan disponibles. Las campañas publicitarias, las páginas *web*, la papelería y otros medios de comunicación interna y externa deben considerar siempre la inclusión de los dos elementos que constituyen el corazón de la filosofía y la cultura empresarial. En las oficinas del proyecto, negocio o institución se debe divulgar ampliamente la visión y la misión para recordar el compromiso que tienen los directivos, ejecutivos y demás personas encargadas de cumplir la misión, para que la visión se convierta en realidad.

No es muy frecuente, pero es igualmente aceptable, que la visión y la misión se formulen en forma combinada. Este procedimiento es interesante porque es fácil de memorizar y el impacto visual es de fácil compresión para el lector.

Una forma de combinar la visión y la misión, podrá *ser la siguiente:*

> *"la visión de la Fraternidad de los Nueve Principitos es que todas las personas interesadas*

en organizar y ejecutar cualquier clase de proyectos alcancen el éxito deseado. Para cumplir está visión, los miembros de la fraternidad dedicarán todos sus esfuerzos a enseñar y divulgar una metodología práctica y fácil de aplicar".

Beatriz no quiso terminar su reunión sin dar a Juan Carlos y a Estefanía una información, así fuera resumida, sobre la formulación de los **valores institucionales.**

Si nuestra visión está orientada al beneficio de la comunidad a la cual estarán dirigidos los servicios o productos que enunciamos en nuestra misión, es conveniente completar la filosofía o cultura organizacional con la formulación de los valores institucionales.

Los valores institucionales representan las cualidades por las cuales deseamos que las personas vinculadas al proyecto sean reconocidas. Estos valores se reflejarán ante la comunidad de clientes y proveedores a través de la excelencia de la gestión desarrollada y de la calidad de los servicios y bienes entregados.

Los valores institucionales proporcionan a la organización herramientas para que los beneficiarios de los bienes y/o servicios entregados los valoren y aprecien, pues representan una síntesis de la ética que orienta a los directivos, ejecutivos y demás funcionarios para desarrollar su trabajo.

Los manuales de funciones del personal y las guías para la evaluación del desempeño, deben tener en cuenta la evaluación del cumplimiento de estos valores a todo nivel de la organización. Lo mismo que la visión y la misión, los valores deben ser divulgados ampliamente al nivel interno y al nivel externo, pues como se dijo anteriormente, estos tres elementos constituyen la filosofía y la cultura organizacional. La descripción de la visión, la misión y los valores no son simplemente para colgarlos como pancartas en los salones, ni para mostrarlos en la papelería y en la página web, sino para usarlos como herramientas para orientar el desempeño del personal del proyecto.

Los siguientes son ejemplos de valores que pueden ser divulgados:

- **Servicio**
  Mantener siempre una vocación de servicio para ayudar a la solución de necesidades de los clientes y de la comunidad en general.

- **Compromiso**
  Actuar con una firme disposición y convicción permanente para el logro de los objetivos.

- **Confianza**
  Proyectar la imagen de la institución buscando afianzar la confianza de los miembros y de la comunidad en general.

- **Respeto**
  Actuar siempre con amabilidad, comprensión y aceptación de los puntos de vista de los usuarios de los servicios.

- **Lealtad**
  Actuar siempre dentro del marco legal y estatutario.

- **Excelencia**
  Ejecutar todas las actividades que se lleven a cabo bajo el concepto de gestión de calidad.

Con estas explicaciones terminó la entrevista. Juan Carlos y Estefanía tenían más claro el concepto y la diferencia entre la visión y la misión y estaban confiados en que no tendrían dificultades para revisar la descripción que habían hecho de la misión y formular la visión de su proyecto.

Beatriz se despidió informando que el lunes siguiente, Juan Carlos y Estefanía encontrarían al siguiente principitos, quien les explicaría la forma de seguir adelante con su proyecto.

FORMULACIÓN DE LA VISIÓN

LA VISIÓN ES EL REFLEJO DEL PRODUCTO QUE SE ESPERA

_____

_____

_____

_____

_____

_____

_____

_____

_____

_____

_____

_____

_____

PRINCIPIO NO. 6

LAS DIFICULTADES

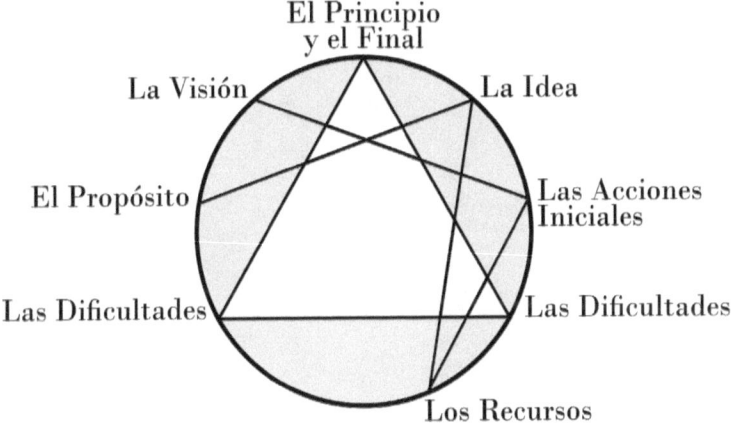

El Principio
y el Final

La Visión

La Idea

El Propósito

Las Acciones
Iniciales

Las Dificultades

Las Dificultades

Los Recursos

Las dificultades son solamente retos o desafíos que siempre tienen solución

LAS DIFICULTADES

Juan Carlos y Estefanía ya tenían muy claro que el ciclo de los proyectos comprende seis fases explicadas por sus amigos los principitos. Estas fases son las siguientes:

1. **Idear.** Tener una idea clara de lo que se desea hacer
2. **Proponer.** Definir el propósito del proyecto
3. **Planificar.** Preparar el plan estratégico, el plan operativo y el presupuesto
4. **Ejecutar.** Llevar a cabo la gestión o las acciones
5. **Controlar.** Efectuar el seguimiento y evaluar el cumplimiento de los planes
6. **Mejorar.** Efectuar las mejoras según los resultados de la evaluación

El lunes de la siguiente semana Juan Carlos y Estefanía estaban esperando en la cafetería de la Universidad, como lo había prometido Beatriz.

Claudia estaba encargada de explicar la forma de superar las dificultades que se presentan cada vez que se ejecutan las acciones, así como también están presentes en todo accionar del ser humano, pues al fin y al cabo, los proyectos son ejecutados y las dificultades resueltas por las personas que son las que llevan a cabo la gestión de los proyectos. Claudia empezó aclarando que las dificultades son solamente retos o desafíos que siempre se pueden solucionar con una buena utilización de las fortalezas internas y de las oportunidades externas. Las dificultades o amenazas se detectan a través del monitoreo y evaluación del avance físico y financiero. Los informes periódicos de auditoría interna y externa, también son medios eficaces para detectar las dificultades en la ejecución de los proyectos. Los informes de monitoreo y de auditoría deben indicar las debilidades encontradas, sus posibles causas y las recomendaciones para corregirlas. En esta forma se cuenta con elementos valiosos para diseñar el plan de mejoras para superar las dificultades.

Una vez detectadas las dificultadas que afectan el cumplimiento satisfactorio de los planes, se deben identificar los recursos disponibles, lo mismo que aquellos que sean posibles de obtener en un futuro cercano para contrarrestar los efectos de las dificultades. La técnica más efectiva utilizada en la gestión empresarial es la identificación de las **fortalezas, amenazas, debilidades y oportunidades**, comúnmente conocida por su sigla **FADO**. El propósito del FADO es ayudar a superar las dificultades mediante la clasificación y análisis de las cuatro variables indicadas arriba, por medio de la consolidación de nuestras fortalezas, de minimizar las debilidades, sacar provecho de las oportunidades y de reducir las amenazas. Esta organización y análisis facilita el diseño de planes de acción enfocados hacia la mejora continua que revitalice y le dé nuevos impulsos al proyecto. Para identificar los factores internos y los factores externos que sirven para superar las dificultades detectadas, es conveniente hacer una lista detalladas de dichos factores. La siguiente tabla puede servir de ejemplo para identificar los factores internos y externos que nos servirán para superar las dificultades y las amenazas.

EJEMPLO DE FORMATO PARA PREPARAR EL FADO

FACTORES INTERNOS	FACTORES EXTERNOS
Fortalezas	**Amenazas**
F01. Equipo directivo conocedor de las dificultades y comprometido con la mejora	A01. Influencia política en aumento de la rotación del personal
F02. Personal capacitado para efectuar las mejoras	A02. Auditoría externa no recurrente y orientada únicamente hacia certificación de estados financieros
F03. Tiempo suficiente para ejecutar el plan de acciones correctivas	
F04. Recursos técnicos disponibles	
Dificultades	**Oportunidades**
D01. Deficiencia de flujo oportuno de fondos internos para compras requeridas	O01. Proveedores de bienes y de servicios entregados oportunamente y de buena calidad
D02. Programas de auditoría interna orientados solamente hacia aspectos financieros y administrativos	O02. Apoyo de los directivos para ejecutar programas de capacitación del personal

PRINCIPIO NO. 7

LAS ACCIONES FINALES

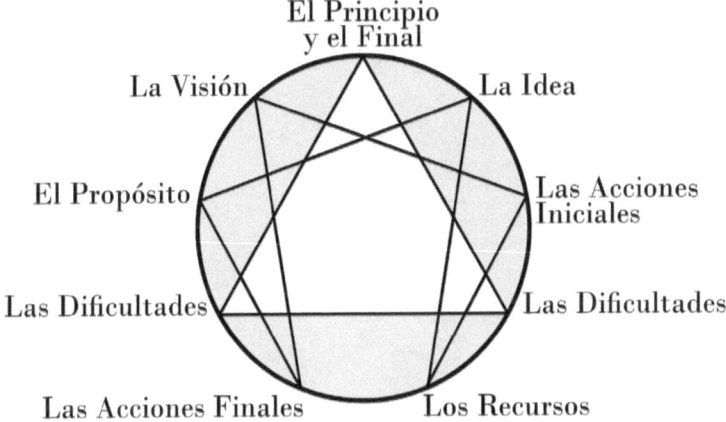

El Principio
y el Final

La Visión

La Idea

El Propósito

Las Acciones
Iniciales

Las Dificultades

Las Dificultades

Las Acciones Finales

Los Recursos

Las acciones finales son la concreción de los planes

LAS ACCIONES FINALES

Este día Estefanía y Juan Carlos se encontraron temprano a la entrada de la Escuela de Negocios. Tenían muchos deseos de encontrarse con el nuevo principito y veían con ansiedad que pronto terminarían su proyecto sobre la guía para desarrollar con éxito todo tipo de proyectos. Con mucho interés acudieron al parque ya conocido para encontrarse con la persona que continuaría cumpliendo el propósito de la fraternidad de los nueve principitos.

No había transcurrido mucho tiempo de haber llegado al parque cuando Rodrigo se acercó a Juan Carlos y Estefanía para compartir sus enseñanzas sobre las actividades finales. Rodrigo inició su conversación explicando que en esta oportunidad se referiría a las acciones de compras de bienes y la contratación de los servicios que ya habían sido planificados y presupuestados en el Plan Operativo Anual, y así mismo se referirá a la forma de recaudo de los fondos y de pago de dichas compras y contrataciones.

Compras. Las actividades de adquisiciones y contrataciones tienen como propósito ejecutar las adquisiciones de bienes y contratación de servicios de acuerdo con los planes y presupuestos aprobados, en forma oportuna, eficiente, transparente, de la mejor calidad y a los precios más favorables posibles, mediante la ejecución adecuada del Plan Anual de

Adquisiciones y Contrataciones (PAAC) y el cumplimiento de las normas legales.

Como en el POA se indicaron los trimestres durante los cuales se deberían tener disponibles los insumos según las necesidades presentadas por el equipo de trabajo que participó en su preparación, el área de compras debe preparar el Plan Anual de Adquisiciones y Contrataciones (PAAC) detallado por meses, teniendo en cuenta el tiempo necesario para llevar a cabo todos los procedimientos de adquisiciones de los bienes y servicios, tiempo de despacho y tiempo de recepción en el proyecto.

Para asegurar la eficiencia y la transparencia en el proceso de adquisiciones, se deben establecer normas o requerimientos que incluyan por lo menos los siguientes aspectos:

1. Garantizar que en la selección de los proveedores de bienes y servicios todos tengan la oportunidad de competir en igual de condiciones,
2. Establecer procedimientos de adquisiciones que incluyan diferentes tipos de competencias de acuerdo con los valores y tipo de bienes o servicios, tales como: compras directas por valores menores, cotizaciones privadas, licitaciones públicas, licitaciones privadas, concursos de méritos para contratación de consultores y empleados permanentes,
3. Establecer Comités para la evaluación y adjudicación de los ofertas de bienes y de servicios,
4. Preparar informes mensuales de avance del PAAC con recomendaciones sobre las modificaciones que se consideren necesarias.

Recaudos y pagos. La administración eficiente de los recursos financieros es de vital importancia para garantizar que los dineros estén disponibles oportunamente para efectuar los pagos de las adquisiciones, contrataciones y remuneraciones al personal.

La primera tarea que se debe llevar a cabo para lograr una administración eficiente de los fondos, es preparar proyecciones de recaudos a corto plazo, (mensuales o trimestrales). Los informes diarios, semanales o mensuales sobre recados efectuados y su comparación con los proyectados es otra tarea importante para la eficiencia en el manejo de los recursos financieros.

Para facilitar el control de los costos del proyecto, es importante manejar los fondos asignados en cuentas bancarias separadas de las cuentas donde se manejan otros fondos de la empresa o entidad que ejecuta las actividades del proyecto.

Antes de despedirse, Rodrigo entregó a Juan Carlos y Estefanía los ejemplos de formatos para preparar el Plan Anual de Adquisiciones y Contrataciones (PAAC), lo mismo que el ejemplo del informe de disponibilidades de efectivo.

EJEMPLO DE FORMATO PARA PREPARAR EL PAAC

Nombre del Proyecto: _____
Año terminado en Diciembre 31, 201xx

ADQUISICIONES

Código de Cuenta	Descripción	Costo estimado	Fechas Estimadas			Observaciones
			Inicio	Contrato	Recibo	

CONTRATACIONES

Código de Cuenta	Descripción	Costo estimado	Fechas Estimadas			Observaciones
			Inicio	Contrato	Recibo	

PRINCIPIO NO. 8

EL SISTEMA DE INFORMACIÓN

El Principio
y el Final

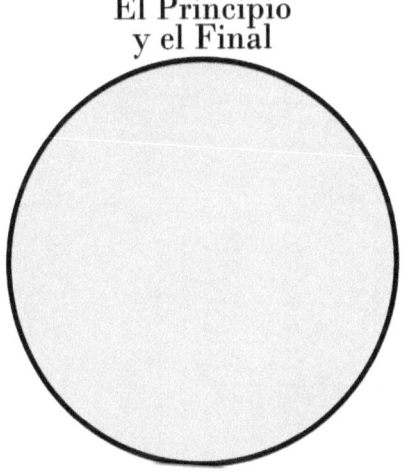

El sistema de información sirve para facilitar la mejora continua y para rendir cuenta de la gestión

EL SISTEMA DE INFORMACIÓN

Esta mañana del veinticuatro de enero, Juan Carlos y Estefanía estaban muy entusiasmados, pues esperaban encontrarse muy pronto con el último de los nueve principitos para terminar su aprendizaje sobre la guía práctica para desarrollar su proyecto de preparación del trabajo de grado en la Escuela de Administración de Negocios de la Universidad local. No había terminado la mañana, cuando vieron al abuelo sentado en la última mesa de la cafetería de la Universidad. El encuentro los tomó por sorpresa, pero con alegría. Se dirigieron hacia la mesa, apresurados y emocionados a saludar al abuelo. El abuelo presentó a su acompañante como Alirio, quien estaría encargado de explicar la importancia de los registros e informes.

Ya habían aplicado los siete principios que aprendieron de los principitos anteriores, por lo que estaban confiados en que esta etapa final sería muy interesante y agradable porque tenían la asesoría del principito mayor. El saludo fue emotivo y la conversación fue amplia y agradable.

El abuelo empezó felicitando a Juan Carlos y a Estefanía por su constancia en el desarrollo de su trabajo y por la aceptación de las enseñanzas recibidas y sin muchos preámbulos inicio su charla sobre los registros e informes.

La charla la inició Alirio indicando que, en los proyectos medianos y de gran tamaño, todas las faces del ciclo del proyecto se deben documentar en forma de manuales de procedimientos o manuales de gestión, para que sirvan de orientación y apoyo al personal que ejecuta las acciones. En los manuales se deben incluir el propósito del proyecto, la visión, los valores, la estructura de la organización de las áreas de gestión, las políticas generales, la descripción de los procesos y actividades respectivas, la documentación de soporte de las actividades y del sistema de registro de las operaciones y de preparación de los informes financieros y operativos. En esta forma se documenta todo el siclo del proyecto desde el principio hasta su fin.

El sistema de registros e informes debe integrar todas las actividades iniciales y finales de acuerdo con las áreas de gestión, lo mismo que los procesos de monitoreo y evaluación de la gestión. Para una mejor comprensión del Sistema Integrado de Gestión (SIGES), Alirio entregó a Juan Calos y a Estefanía la siguiente gráfica.

EJEMPLO DEL SISTEMA INTEGRADO DE GESTIÓN (SIGES)

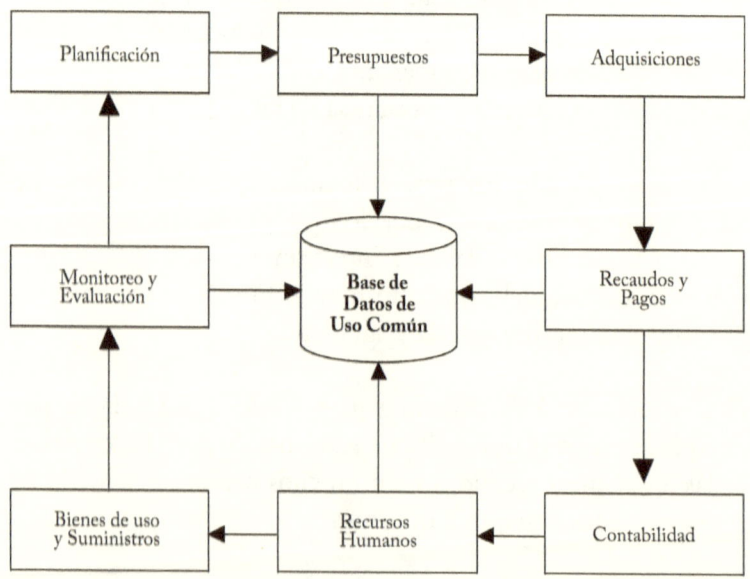

El diseño e implementación de una aplicación computarizada (software) será de gran ayuda para agilizar el registro de las actividades de las diferentes áreas de gestión utilizando la información que se integra en una base de datos común, de tal forma que se racionalice la actividad de registro y se produzcan informes útiles, oportunos, confiables, completos, lógicos y verificables.

Los siguientes son pasos que deben tenerse en cuenta para diseñar e instalar una aplicación computarizada para el Sistema Integrado de Gestión (SIGES):

1. Definir la estructura de las áreas de gestión de dirección, producción y apoyo
2. Preparar los mapas de procesos de cada área de gestión
3. Establecer las actividades relacionadas con cada proceso
4. Establecer los documentos que deben servir de soporte de las actividades
5. Definir los informes que deben generar las áreas de gestión
6. Establecer la lista de usuarios del sistema y sus claves de acceso.
7. Documentar el sistema por medio de manuales técnicos, manuales de usuarios y manuales de procedimientos.

Manuales del SIGES. Los manuales técnicos incluyen la descripción de las plataformas informáticas y lenguajes de programación utilizados para el desarrollo del software, lo mismo que las instrucciones para la administración de las bases de datos. Los manuales de usuarios incluyen las instrucciones para la operación de la aplicación en cada uno de sus módulos.

Manual de Procedimientos. El manual de procedimientos debe incluir, entre otros, los siguientes temas:

1. Tabla de contenido,
2. Breve descripción del proyecto,
3. Misión y visión del proyecto,
4. Estructura de la organización de las áreas de gestión del proyecto
5. Descripción de los objetivos y políticas aplicables a las áreas de gestión,
6. Indicación de los procesos aplicables a cada área de gestión,
7. Actividades de cada proceso,
8. Responsables de los procesos,
9. Productos esperados de cada proceso
10. Documentos, registros e informes producidos en cada área de gestión.

Ejemplo de la estructura de un manual de procedimientos.

Proceso No. 1	Preparar el Plan Estratégico Institucional		
Fuente de información	Plan Institucional, Plan Estratégico Anterior		
Propósito	Establecer las acciones estratégicas a mediano y largo plazo necesarias para cumplir la misión y los objetivos del Proyecto.		
Actividad	Cargo del Responsable	Producto Intermedio o Final	Políticas aplicables

Registros. Los registros sirven para dejar evidencia de las transacciones efectuadas durante la gestión del proyecto. Cada área de gestión debe hacer el registro de sus actividades, las cuales se conservan en la base de datos común de la aplicación computarizada que se esté usando, para luego ser utilizada en la generación de documentos internos e informes de carácter estadístico, operativo, financiero y administrativo. En los sistemas integrados de gestión, es muy importante que el registro de las actividades de cada área de gestión se haga oportunamente, para poder consultar la información y producir los informes cuando sea necesario. La oportunidad es una cualidad básica para que la información sea útil.

Los registros deben estar soportados por los documentos que se originan al nivel interno del proyecto y por los documentos que reciben del exterior. Cuando los registros se hacen en forma oportuna y completa, el sistema informático puede producir los documentos de orden interno que sean requeridos por las normas legales y por las necesidades administrativas. Aprovechando las ventajas de la tecnología, se pueden mantener registros electrónicos de los documentos de orden externo para facilitar su archivo, consulta y conservación. Los registros constituyen la historia de la gestión realizada.

Informes. La información sobre la gestión del proyecto debe ser útil para apoyar la toma de decisiones a nivel directivo, operativo y administrativo, lo mismo que para rendir oportuna cuenta de la gestión y para cumplir con normas legales y estatutarias. Para que la información sea útil, debe ser oportuna, veraz, completa, comprensible, suficiente, lógica y verificable. Aun cuando estas cualidades han sido formuladas específicamente para la información de carácter financiero, son igualmente aplicables a cualquier tipo de información sobre la gestión.

La información es indispensable para cumplir con la obligación que tiene toda persona que maneja fondos públicos o privados, de rendir cuenta de su gestión. La rendición de cuentas, a través de los informes, sirve para uso interno y externo. La divulgación de los informes de gestión, con las características indicadas arriba, constituye una forma eficaz de demostrar la transparencia en el manejo de los fondos y en la conducción de las actividades del proyecto. La información periódica es también importante para evaluar la gestión del proyecto y para tomar las acciones necesarias para la mejora continua indispensable para garantizar el éxito en su ejecución.

Ejemplo de formato para hacer la lista de los documentos de soporte e informes

Número	Nombre del Documento	Frecuencia	Usuarios

Con estas instrucciones de Alirio, el abuelo completó la ayuda que Juan Carlos y Estefanía le habían solicitado el día de su cumpleaños, recordándoles la importancia de ser persistentes en el cumplimiento del propósito de cada uno de los proyectos que se propongan ejecutar en su vida, ser visionarios y ejecutar las acciones con la certeza de que todo es posible para aquel que cree en su Divinidad y en sí mismo. También hizo énfasis en la necesidad de divulgar lo que se aprende, compartiendo con otros los conocimientos y las experiencias. Cuando se comparte lo aprendido, el conocimiento no se disminuye, sino que se aumenta, pues siempre se aprende cuando se enseña.

Les recordó que nadie puede lograr nada por si solo. Por eso, el resultado de todo proyecto es el fruto de las personas involucradas en él, directa o indirectamente. Se dice que somos lo que son las personas que están a nuestro rededor. El recurso humano es, sin duda, el más importante de todos los recursos aplicados al proyecto. Se deben seleccionar cuidadosamente los colaboradores y siempre agradecer sus aportes y apoyar el análisis de sus ideas, evaluaciones y recomendaciones. Cuando compartimos nuestro tiempo, nuestros talentos y nuestros tesoros, sentimos una sensación especial de abundancia y prosperidad.

Juan Carlos y Estefanía no tuvieron palabras suficientes para agradecer al abuelo y por medio de él a los ocho principitos de quienes recibieron enseñanzas prácticas para realizar su proyecto de grado y para iniciar otros proyectos que ejecutarían en el futuro. Con gran entusiasmo regresaron a la Escuela de Negocios de la Universidad para revisar sus notas y terminar su proyecto de trabajo de grado.

www.ingramcontent.com/pod-product-compliance
Lightning Source LLC
Chambersburg PA
CBHW021236280526
45784CB00005B/2119